엄청나게 신기하고 볼수록 빠져드는
동물의 세계

제임스 맥클레인 글

캐롤리나 뷔지오 그림

케이티 웨브 디자인

신인수 옮김

데이비드 맥도날드 교수 감수
(옥스퍼드 대학교 동물학과 야생 동물 보호 연구 담당)

인터넷에서 자료 찾기

어스본 바로가기(usborne.com/quicklinks)에 방문해서
검색창에 'Lots of things to know about ANIMALS'을 입력해 보세요.
이 책에 나온 동물에 관한 더 많은 정보를 접할 수 있어요.

또한 세계 지도를 다운로드 받아,
이 책에 등장하는 장소들의 위치를 찾아볼 수 있어요.

'어스본 바로가기'에서는 인터넷 안전 지침을 지켜 주세요.
어린이가 인터넷을 사용하는 동안 보호자가 옆에서 지도해 주세요.

나비 날개를 확대하면
작은 비늘 수천 개가 보인다는 사실을
알고 있었나요?

우아! 그런데 **비늘**이 뭐예요?

62쪽 <낱말 풀이>에서
단어 뜻을 찾아봐.
63-64쪽 <찾아보기>에서는
궁금한 주제가 어디에 실려 있는지
확인할 수 있어.

거대한 바다 동물

지구에 사는 모든 생명체를 통틀어서 가장 큰 동물은 **대왕고래**예요. 몸의 각 부위는 **얼마나** 클까요?

대왕고래의 눈은 자몽만큼 커요.

꼬리는 축구 골대만큼 넓어요.

지느러미 하나가 침대보다 더 길어요.

혀는 그랜드피아노 다섯 대의 무게만큼 무거워요.

심장은 범퍼카만큼 커요.

엄마보다 몸집이 큰 아기 동물

동물은 대부분 새끼보다 몸집이 훨씬 더 커요.

저울에 적힌 숫자는 어른이 막 태어난 새끼보다 몇 배 더 무거운지를 보여 줘요.

라마
10배

비단뱀
20배

흰올빼미
40배

어린 흰올빼미는 작은 오렌지만 한 크기예요.

하지만 아마존 열대 우림에 사는 **패러독스개구리**의 새끼는 별로 **작지 않아요.**

패러독스개구리는 알을 낳고, 알에서 올챙이가 나와요. 이 **올챙이**는 점점 자라서 다 자란 개구리보다 거의 **4배** 정도 커져요.

같은 듯 다른 표범과 재규어

표범과 재규어는 고양잇과 동물로,
둘 다 **얼룩점**이 있어요.
얼룩점의 무늬를 살펴보면
둘을 구별할 수 있어요.

표범과 재규어의 점무늬는
꽃 모양이에요.
이런 무늬를 **로제트**라고 불러요.

재규어의
점무늬 안쪽에는
작은 점들이
있어요.

표범

재규어

얼룩말이 파리에게 물리지 않는 이유

어떤 동물은 다른 동물에 비해 벌레한테 훨씬 덜 물려요.
바로 얼룩말이 그러하지요.

파리는 얼룩말의 줄무늬를 보고 **착시**를 일으켜요.
그래서 파리는 어디에 앉아야 할지,
어디를 물어야 할지 알아보지 못해요.

파리는 말에게
더 쉽게 덤벼들어요…

…말이 이런 겉옷을 입지
않았다면요.

우리를
물지 못할걸.

파리를 막을 가장 좋은 겉옷은
바로 검은색과 흰색 **줄무늬** 옷이랍니다.

변장한 문어

문어는 대부분 바다 밑바닥 색깔에 맞춰 **자기 몸 색깔을 바꿀 수 있어요.**

덕분에 상어와 다른 사냥꾼들의 눈을 피해 숨을 수 있지요.

또한, 문어가 다른 생물들을 사냥하기에도 좋아요.

문어는 눈에 띄지 않으려고 조개껍데기로 몸을 뒤덮기도 해요.

핏줄문어는 반쪽짜리 코코넛 껍데기 두 개를 가져다가…

…안에 쏙 들어가서 숨어요.

이 문어를 본 적 있나요?

이 문어는 **흉내문어**예요. 흉내문어는 독이 있는 동물인 **척**하면서 사냥꾼들을 겁주어 쫓아내요.

흉내문어는 가자미 같은 납작한 물고기를 흉내 내요.

가자미

흉내문어는 팔을 쫙 펼쳐서, 쏠배감펭의 가시 모양을 흉내 내요.

쏠배감펭

흉내문어는 팔 두 개만 꿈틀거리고, 나머지 팔은 모래 속에 숨겨서 바다독사처럼 흉내 내요.

바다독사

어떻게 조그만 개미가 고릴라보다 힘이 셀까요?

어떤 동물이 더 힘센지 알아내려면, **자기 몸무게보다 얼마나 무거운 걸** 들어 올릴 수 있는지 비교하면 돼요.

남미수리는 자기와 몸무게가 **같은** 원숭이를 낚아챌 만큼 힘이 세요.

호랑이는 자기보다 **2배** 무거운 소를 강력한 턱의 힘으로 끌고 가요.

고릴라는 자기 몸무게의 **4배**를 들어 올릴 만큼 힘이 세요.

고릴라는 팔 근육이 다리 근육보다 더 커요. 그래서 훌륭한 역도 선수 뺨치죠.

세계 동물 힘겨루기 대회

하지만 아주아주 작은 동물들도
자기보다 훨씬 더 무거운 것을 나를 수 있어요.

잎꾼개미는 자기 몸무게의 **20배**만큼
무거운 나뭇잎 조각을 들어요.

나뭇잎 조각은
보금자리로 가져가요.

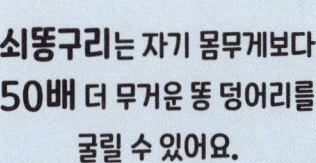

쇠똥구리는 자기 몸무게보다
50배 더 무거운 똥 덩어리를
굴릴 수 있어요.

쇠똥구리는 동물의 똥을 모아서
먹거나 똥 속에 알을 낳아요.

제 몸무게의
절반쯤 되는 것도
못 들겠어요.

과학자들은 뒤영벌이 세계에서 가장 높은 에베레스트산보다 더 높이 날 수 있다는 사실을 알아냈어요.

높이: 8,849미터

붕붕붕

붕붕붕

붕붕거리는 소리는 바로 벌이 날갯짓을 하는 소리예요. 벌은 1초에 200번씩 날갯짓을 해요.

누가 가장 높이 날 수 있을까요?

룹펠독수리는 새 중에서 가장 높이 날아요. 11,300미터까지 날아오를 수 있어요.

비행기 높이까지 날아올랐네요.

누가 가장 깊이 내려갈까요?

바다 밑바닥에도 거대하게 움푹 들어간 해구가 있어요. 지구에서 가장 깊은 곳이에요. 해가도 칠흑같이 깜깜하고, 얼어붙을 정도로 추워요. 하지만 해구에도 생물들이 살고 있어요.

무시무시하게 생긴 이 생물은 심해아귀예요. 머리 앞쪽에 가시 같은 촉수가 달려 있는데, 끝에 달린 빛이 어둠을 밝혀 줘요. 이 불빛에 작은 물고기들이 몰려오면, 꿀꺽 삼키지요.

분홍꼼치는 젤리처럼 몸이 부드러워요. 어떤 물고기보다도 더 깊이 헤엄치지요.

가장 깊은 곳인 해구 밑바닥에도 튜브처럼 생긴 해삼이 살고 있어요.

코뿔새 둥지의 비밀

코뿔새는 부리가 유별나게 커요.
그런데 알을 낳는 과정은 더 특이해요.

먼저, 엄마 코뿔새가
나무 몸통에서
큼직한 **구멍**을 찾아요.

그러면
아빠 코뿔새가
진흙을 물어 와요.

두 코뿔새는 진흙으로 구멍을 막아요.
엄마 코뿔새는 **몇 달 동안**
둥지 안에 갇히게 되지요.

아래 동물들의 **보금자리**도 **깜짝** 놀랄 만해요.

엄마 악어는
썩어 가는 **식물**로
둥지를 만들어요.

따뜻한 곳에 놓인 알에서는
수컷이 부화하고…

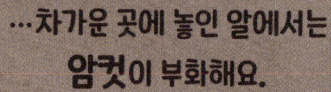

…차가운 곳에 놓인 알에서는
암컷이 부화해요.

새집 바꾸기 대작전

게는 대부분 단단한 껍데기가 부드러운 몸을 감싸고 있어요.
그중 **집게**는 좀 달라요. 딱딱한 고둥 껍데기를 이용해
자신의 몸을 지켜요. 자기 몸집에 맞는 껍데기를 찾아
그 속에 들어가 살아가지요.

몸집이 껍데기보다 **커지면**
어떻게 할까요?

껍데기가 꽉 끼네.
더 큰 껍데기를
찾아야겠어.

빈 껍데기가
파도에 쓸려 오면,
집게가 가서
껍데기를 살펴봐요.

껍데기가 너무 크면,
줄을 서서 다른 껍데기를 기다려요.
집게들은 몸 크기가
큰 순서대로 줄을 서요.

안 들리는 시끄러운 동물 소리

많은 동물이 보기보다 조용하지 않아요. 사람이 들을 수 없을 만큼 **아주 높거나 아주 낮은** 소리를 내기도 해요.

코끼리는 낮게 우르릉거리는 소리를 내요. 이 소리는 잎이 무성한 숲속에서도 멀리까지 들려요.

어떤 쥐는 간지럼을 탈 때 아주 높은 소리로 웃어요.

재생 목록 : 동물 귀에만 들리는 소리

우르릉
둥근귀코끼리

낄낄낄
쥐

딸깍딸깍
향유고래

개골개골
토렌트개구리

향유고래는 세상에서 가장 시끄러운 동물이에요. 비행기가 이륙할 때 나는 소리보다 더 큰 소리를 내거든요. 다행히 향유고래의 소리는 너무 낮아서 사람한테는 들리지 않아요.

토렌트개구리는 거대한 폭포에 살아요. 울음소리가 어찌나 큰지, 엄청난 폭포 소리 너머로 서로가 내는 소리를 들을 수 있어요.

아무것도 안 들려요!

이 동물들이 내는 소리가 우리가 듣기에는 너무 높거나 너무 낮기 때문이야.

우듬지* 합창단 *나무의 꼭대기 줄기

마다가스카르섬에서 가장 **크고**, 가장 **시끄러운** 여우원숭이는 **인드리원숭이**예요. 인드리원숭이 무리는 우듬지에 살며 날마다 노래를 불러요.

각 무리에서 가장 나이 많은 암컷과 수컷이 이중창을 시작해요. 높은음과 낮은음을 같은 박자로 내요.

에에에야 에에에야

에에에야

그러면, 다른 가족 구성원들도 함께 노래를 불러요.

에에에야

에에에야 에에에야

그런데 젊은 수컷이 다른 음정을 낼 때가 있어요.

오호오오오오오

젊은 수컷이 이제 무리를 떠나서 자신의 가족을 꾸릴 준비가 되었다고 알리는 거예요.

뉴욕보다 더 번화한 박쥐 동굴

매해 여름마다, 수많은 박쥐가 멕시코에서 미국 텍사스로 날아가요. 브랙큰 동굴에서 새끼를 낳기 위해서예요.

박쥐는 낮 동안 동굴 안에서 쉬어요. 밤이 되면, 어른 박쥐들이 곤충을 잡으러 밖으로 나와요.

어린 박쥐들도 자라면 사냥을 나와요. 그러면 박쥐 떼가 1,500만 마리 넘게 불어나지요.

미국에서 가장 큰 도시인 뉴욕에 사는 사람 수보다 브랙큰 동굴에 있는 박쥐 수가 **2배**나 더 많아요.

겨울이 되면 박쥐는 어디로 가요?

더 따뜻한 멕시코로 돌아가지.

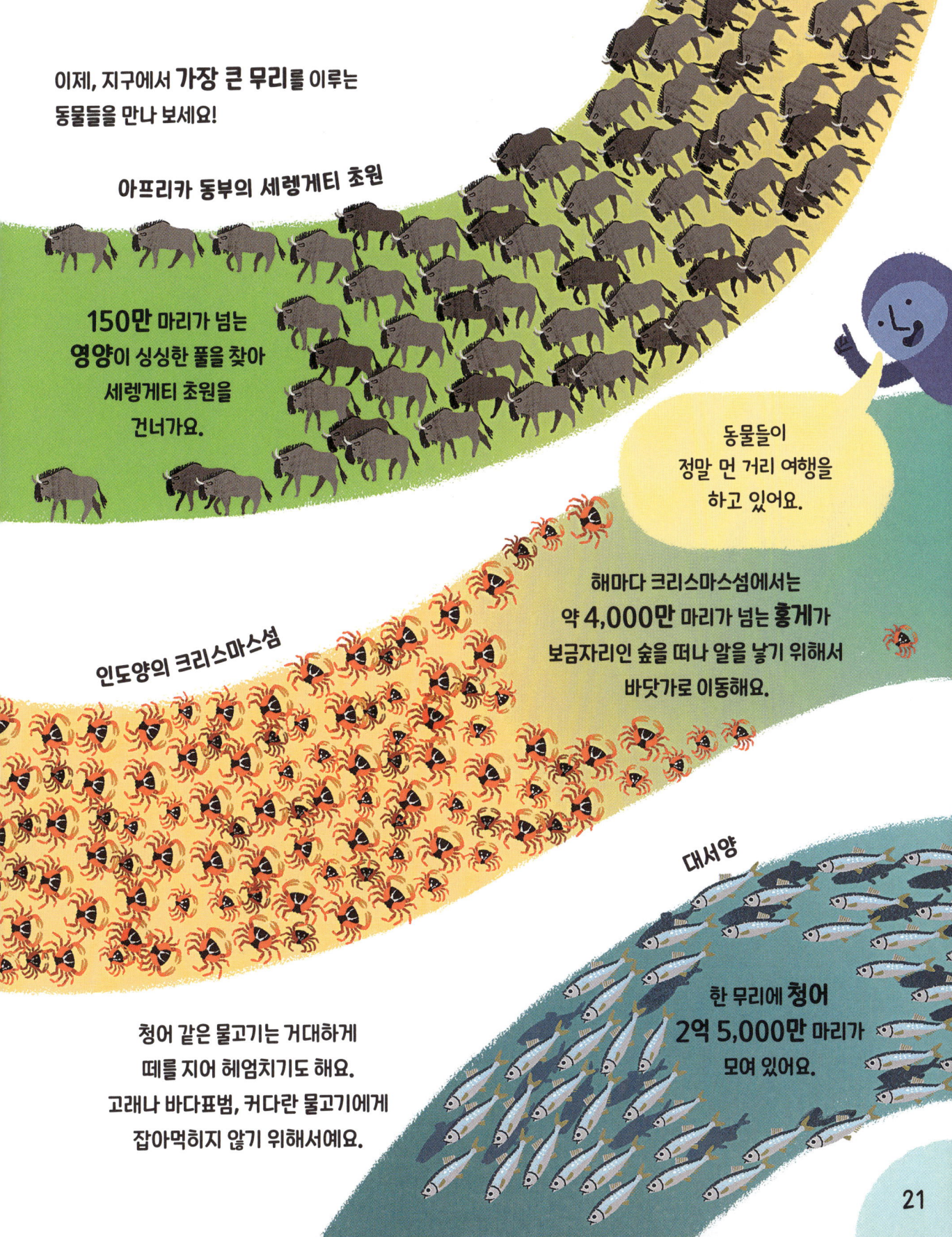

눈으로 보고도 믿을 수 없을걸요!

어떤 동물들은 서로 좋은 인상을 주거나
헷갈리게 만들거나 겁을 주려고,
눈길을 사로잡는 **놀라운 행동**을 해요.

 두건물범

이건 빨간 풍선이
아니에요!
두건물범 수컷의
코에 달린 **주머니**예요.
주머니를 풍선처럼
부풀릴 수 있지요.

세띠아르마딜로는 신기하게 생겼어요.
몸을 말아서 다리를 집어넣고,
코를 꼬리 옆에 끼워 넣으면 **공처럼** 돼요.
거의 완벽하게 구를 수 있지요.

 세띠아르마딜로

 어깨걸이극락조

어깨걸이극락조가 **날개**를 쫙 펼치면,
검은색과 청록색이 어우러진 특이한 모양이 나타나요.
전혀 새처럼 보이지 않지요.

스프링복은 누구보다도
통통 튀는 활력을 자랑해요.
다리를 쭉쭉 뻗고서…

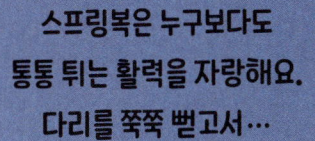
스프링복

…자신의 키보다
3배 더 높이
뛸 수 있어요.

목도리도마뱀은 목도리처럼
머리를 둘러싼 화려한 **주름**을 쫙 펼쳐서
자신을 공격하는 동물에게 겁을 줘요.

목도리도마뱀

킬디어

이 새는 날개가
부러진 듯이 보이지만,
사실은 **눈속임**이에요.

왜 저 새는
다친 척하고
있어요?

사냥꾼이 새끼 대신
자신을 잡으러 쫓아오게
유인하는 거야.

가장 오래 사는 동물은?

세계에서 가장 오래 산 동물들의 나이를 알아보세요.

공룡 시대부터 살아온 동물

공룡은 아주 오래전에 멸종했어요. 하지만 공룡과 함께 살았던 생물 중 **지금까지** 살고 있는 생물도 있어요.

잠자리

모기

벌

바퀴벌레

과학자들이 **티라노사우루스 렉스**의 뼈를 검사하여…

…살아 있는 동물 중 공룡의 가장 가까운 친척이 닭이라는 사실을 알아냈어요.

노래기

개미

고래가 공기 방울을 만드는 이유

혹등고래 무리는 공기 방울을 만들어서 깜짝 놀랄 만큼 **유용하게** 써먹어요.

아하!

태평양 수면 아래에서

혹등고래 한 마리가 **분수공**으로 공기를 내뿜고 빙글빙글 헤엄치면서…

← 분수공

…공기 방울로 **물기둥**을 만들어요.

더 깊은 바닷속에서

다른 혹등고래들이 물고기 떼를 물기둥 한가운데로 몰아요.

아무도 도망 못 가.

혹등고래들은 물고기들이 빠져나가지 못하게 지느러미로 막아요.

프레리독이 인사하는 방법은?

프레리독은 개가 아니에요. 프레리독은 작고 털이 많으며, 굴에서 무리 지어 살아요. 서로 아는 프레리독을 만나면 위험을 알리기 위해서 짖기도 하지만, 서로…

사자는 서로 **머리**를 문질러요.

돌고래는 **휘파람**을 불어요.

바닷가재는 머리에 난 구멍으로 **오줌**을 찍 뿜어요.

어린 여우는 **몸**을 바짝 낮추고 **귀**를 뒤로 눕혀서 어른 여우를 반겨요.

코끼리는 서로 **코**를 맞대요.

침팬지는 서로 **껴안아요**.

개는 **엉덩이 냄새**를 맡아요. 전에 만난 적이 있는지, 냄새를 맡고 떠올려요.

플라밍고가 분홍색을 띠는 이유는?

플라밍고가 알에서 태어날 때는 칙칙한 회색이에요.

물에 사는 브라인슈림프를 먹기 시작하면서, 플라밍고의 깃털과 피부가 분홍색으로 변하기 시작해요.

브라인슈림프

브라인슈림프를 먹으면 먹을수록 **분홍빛도 더욱 짙어져요.**

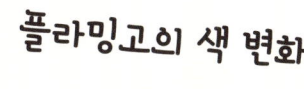

플라밍고의 색 변화

알에서 막 태어났을 때   잿빛 솜털   첫 번째 붉은빛

분홍색   다홍색   또렷한 분홍색

짙은 분홍색

플라밍고가 무얼 하고 있어요?

꽁지에서 나오는 기름을 깃털에 문지르는 거야. 그러면 분홍색이 더 짙어져.

오늘 저녁 식사는?

동물들을 위한 레스토랑이 있다면 어떨까요?
메뉴에 아주 희한한 요리들이 있을 거예요.

피

뱀파이어 박쥐가 다른 동물을 물어서
피를 빨아먹는다는 얘기를 들어봤을 거예요.
그런데 **뱀파이어 나방**도 있다는 걸 알고 있나요?

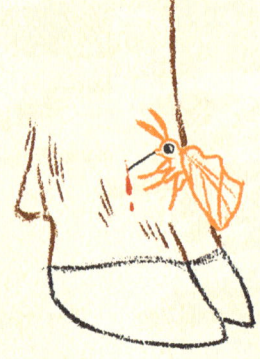

흙

흙에는 동물이 건강을 유지하는 데 필요한
소금이 들어 있어요.

거북의 눈물

눈물에도 소금이 들어 있어요.
아마존 열대 우림에서는 **나비**가
거북의 머리에 내려앉아서 거북의 눈물을 빨아요.

요리에 쓸 흙이 다 떨어졌대요!

흙을 찾는 동물이
앵무새, 오랑우탄, 코끼리, 양…
너무 많아서 그래.

독이 든 잎

유칼립투스 나뭇잎은 독성을 띠기 때문에 많은 동물이 먹지 않아요. 하지만 **코알라**는 맛있게 먹어요. 코알라의 위에서 독성을 안전하게 분해하거든요.

오래된 피부

도마뱀은 허물을 벗어요. 떨어져 나온 피부 조각을 먹기도 해요.

신선한 똥

기니피그와 **토끼**는 보드라운 똥을 먹어요. 똥에는 몸에 좋은 영양분이 남아 있거든요.

반쯤 먹은 고기

늑대는 먹은 것을 위에서 게워 내어 새끼 늑대에게 먹여요. 게워 낸 음식은 부드러워서 새끼 늑대가 쉽게 소화시킬 수 있거든요.

얼음 땅에 사는 동물들의 생활

얼었땅! 남극 지방은 한여름에도 냉장고 속보다 더 추워요.
남극의 동물들은 어떻게 살아갈까요?

황제펭귄

황제펭귄은 발가락이 얼지 않도록
발가락을 얼음에서 떼고
발뒤꿈치로 서 있어요.

아델리펭귄

펭귄은 깃털이
여러 층으로 나 있어요.

바깥쪽에 난
뻣뻣한 털은
물이 스며들지
않게 해 줘요.

피부 가까이에 난
부드러운 털은
열이 빠져나가지
않게 해 줘요.

숨을 쉬어야 할 때는
얼음에 난 구멍을 찾아
위로 올라와요.

"치이익" 물숨을
내뿜기 시작하면,
얇은 얼음층은
깨진 얼음문이
돼요.

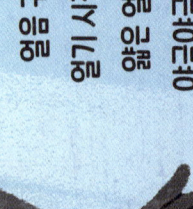
웨들바다표범

바다표범은 10시간 중
9시간은
얼음 밑에서
헤엄쳐요.

동물들의 마라톤 경기

마라톤은 42킬로미터 넘게 달리는 경주예요.

치타는 육지에 사는 동물 중 가장 빠르지만, 긴 거리를 달리는 내내 그 속도를 유지하지는 못해요. 그래서 마라톤은 잘 못할 거예요.

말은 빠르게 멀리까지 달릴 수 있어요. 2시간 30분 안에 마라톤을 완주할 거예요. 사람 마라톤 선수만큼 빠르지요.

낙타는 말보다 더 뛰어난 마라톤 선수예요.

난 한 시간 만에 결승선에 도착할걸.

하지만 **마라톤 우승자**는 바로 **타조**가 될 거예요. 길고 힘센 다리 덕분이지요.

완주 시간 :
45분

놀라운 수영 선수

아래 동물들은 거의 평생 동안
땅이나 나무 위에서 지내지만,
놀랍게도 실력이 뛰어난 수영 선수이기도 해요.

호랑이
호랑이는 다른 고양잇과 동물과 달리,
물에 젖는 걸 좋아해요.

코끼리

> 나는 코끝을
> 물 밖에 내놓고
> 숨을 쉬어요.

나무늘보
나무늘보는
땅보다
물속에서
3배 더 빨라요.

돼지
돼지는 먼 거리를
헤엄쳐 강을
건널 수 있어요.

동물들이 쓰는 도구

어떤 동물들은 굉장히 똑똑해서 도구를 사용하는 방법을 익혔어요!

동물들이 어떤 도구를 쓰는지 살펴보세요.

침팬지는 나뭇잎으로 물을 떠 마셔요.

퍼핀은 막대기를 집어서 가려운 곳을 긁어요.

긴꼬리원숭이는 깃털을 써서 이빨을 깨끗이 해요.

막대기

나뭇잎

깃털

동물을 위한 최고의 도구

판다가 물구나무를 서는 깜짝 놀랄 이유

여러분의 코를 막고 싶어질지도 몰라요. **냄새가 풀풀 나는** 얘기가 나오거든요.

판다는 서로에게 메시지를 전하고 자기 영역을 나타내기 위해서 온갖 냄새를 사용해요.

다른 판다가 냄새를 맡도록 똥 더미를 남겨 놔요.

아하, 암컷 판다가 이 근처에 사는구나.

판다의 꼬리 밑에서 냄새가 나요. 판다는 바위나 나무에 엉덩이를 문질러 냄새를 묻혀요.

수컷 판다가 자신의 냄새를 널리 퍼뜨리는 또 다른 방법이 있어요.

나무 옆에 앞발을 짚고 서서…

…나무 몸통 높은 곳에 지독한 냄새가 나는 오줌을 뿌려요.

다른 수컷 판다는 딴 데 가라는 뜻이에요.

누구 똥일까요?

똥이 더러워서 못 보겠다면,
어서 눈길을 돌려요.

코끼리

코끼리의 똥은
공처럼 둥글고
양배추 크기만 해요.

웜뱃

웜뱃의 똥은 특이하게
육면체 모양이에요.

대왕고래

대왕고래의 똥은 밝은 주황색인데,
한 번 싼 똥으로
양동이 20개가 가득 채워져요.

파랑비늘돔

파랑비늘돔은 산호를 갉아먹어요.
산호에 붙은 조류는 먹고,
산호 가루는 몸 밖으로 내보내지요.
그래서 똥을 싸면 모래가 나와요.

하마

하마는 꼬리를 빙빙 돌려서
똥을 사방으로 멀리 흩뿌려요.

동물 건축가

작은 동물들은 자기 집을 설계하고 짓는 위대한 건축가들이에요.

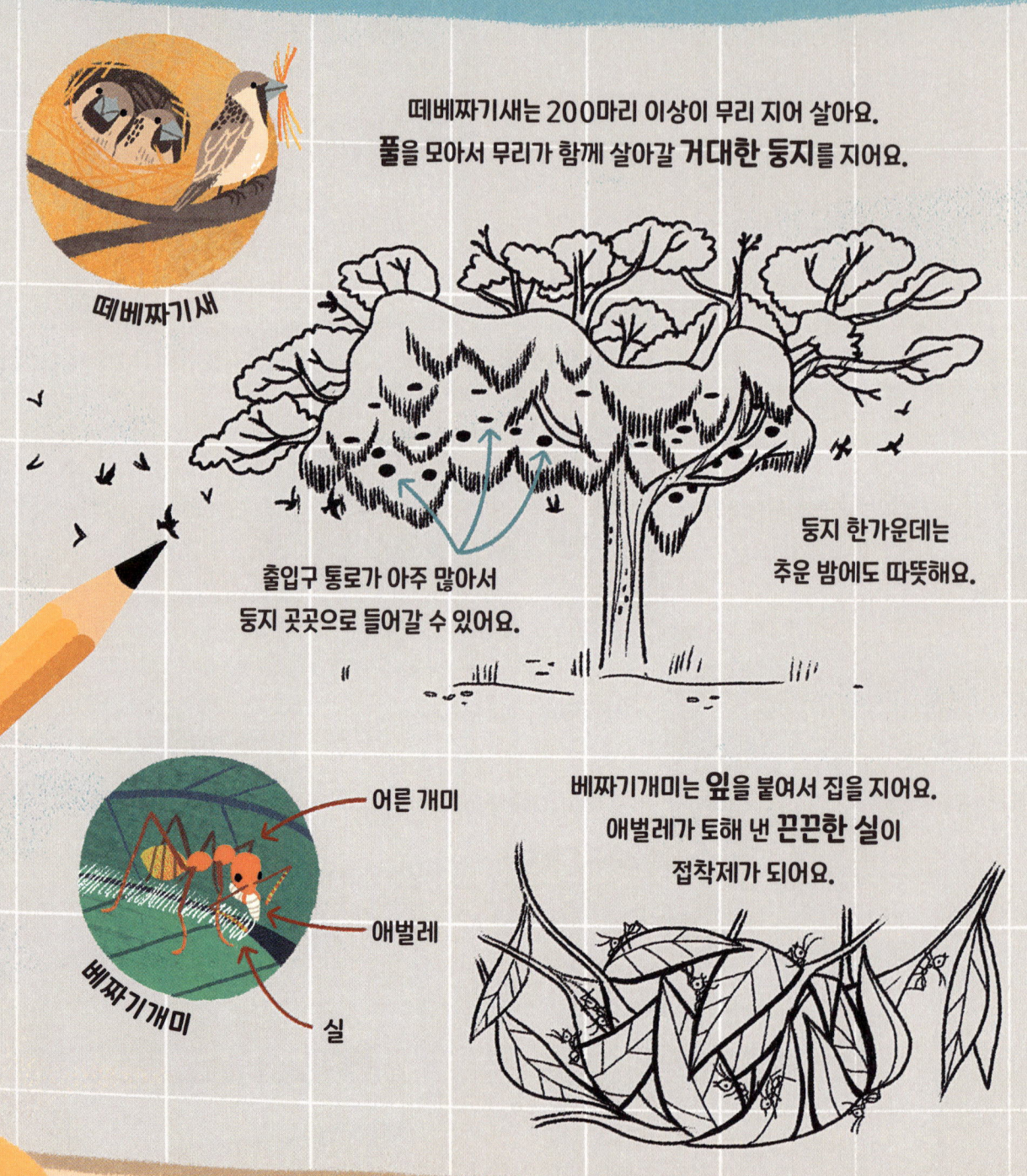

떼베짜기새

떼베짜기새는 200마리 이상이 무리 지어 살아요.
풀을 모아서 무리가 함께 살아갈 **거대한** 둥지를 지어요.

출입구 통로가 아주 많아서
둥지 곳곳으로 들어갈 수 있어요.

둥지 한가운데는
추운 밤에도 따뜻해요.

베짜기개미

어른 개미
애벌레
실

베짜기개미는 **잎**을 붙여서 집을 지어요.
애벌레가 토해 낸 **끈끈한 실**이
접착제가 되어요.

물 위를 걷는 도마뱀

도마뱀은 대부분 육지에 살지만, 물에서 몇 가지 **놀라운 일**을 할 수 있어요.

바실리스크이구아나는 가라앉지 않고 물 위를 뛰어서 강을 건널 수 있어요.

발가락 사이에 비늘 같은 피부가 쫙 펴져서 물 위에 떠 있게 해요.

바다이구아나는 바다에 사는 유일한 도마뱀이에요.

수영한 뒤에는 재채기를 해서 몸에서 짠 바닷물을 없애요.

에취이이이이이이이이이이이이이이이이이이이

워터아놀도마뱀의 머리에는 공기 방울이 붙어 있어요.

이 공기 방울을 부풀려 공기를 얻어서, 물속에서 **15분 넘게** 숨 쉴 수 있어요.

범인은 바로 너!

여기 모인 동물들은 모두 **도둑질**을 했어요. 이 동물들을 조심하세요!

점박이하이에나는 직접 사냥하기도 하지만, 들개의 먹이를 낚아채기도 해요.

점박이하이에나

사자

다 자란 수컷 사자는 혼자서 하이에나 무리로부터 먹이를 빼앗아요.

아기 칼새가 대륙을 건널 수 있는 이유

여름이 시작될 무렵, 칼새는 아프리카에서 아시아와 유럽으로 날아가요. 그곳에 도착하면 좁은 틈새에 둥지를 틀고 알을 낳아요.

알이 부화하면, 새끼들은 한두 달 만에 자라나고 둥지를 떠날 시기가 되지요. 아프리카까지 쉬지 않고 날아가는 **기나긴 여행을 떠나요.**

그렇게 먼 거리를 날아갈 만큼 날개가 튼튼할까요?

그럼! 둥지에서 팔 굽혀 펴기 연습을 하거든.

우주 비행사보다
더 멀리 나는 새들

북극제비갈매기는 지구에 사는 새 중 가장 멀리 날아 다녀요.

북극제비갈매기

해마다 **북극**에서 여름이 끝나면, 북극제비갈매기는 여름이 막 시작되는 **남극**으로 날아가요. 그러다 여름이 끝나면, 다시 북극으로 **되돌아가요!**

북극제비갈매기가 이렇게 먼 거리를 이동을 하는 이유는 **먹잇감**을 얻기 위해서예요. 극지방의 여름에는 먹잇감인 물고기가 풍부하거든요.

북극제비갈매기는 한평생 240만 킬로미터 이상을 날아요. 달까지 세 번 왔다 갔다 하는 거리와 같아요.

몸에서 없어지고 생기는 부분

많은 동물이 살아가는 동안 털, 비늘, 이빨, 발톱 등 몸의 일부가 빠지거나 없어져요. 하지만 대개는 다시 자라나요.

상어는 이빨 수백 개가 여러 줄로 나 있어요. 앞줄의 이빨이 빠지면, 뒤에서 자란 이빨이 앞으로 밀려 올라와요.

한평생, 상어의 입에서 자라는 이빨은 **30,000개**에 달해요.

뱀, 게, 거미는 자라나면서 몸의 바깥층을 한 꺼풀 벗어요.

수컷 사슴은 해마다 머리에 난 뿔이 떨어져요.

몇 주 뒤에 새로운 뿔이 한 쌍씩 자라나요.

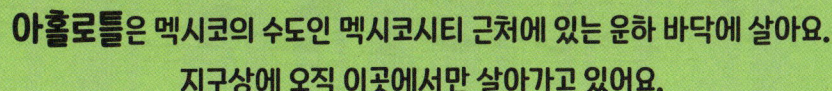

아홀로틀은 멕시코의 수도인 멕시코시티 근처에 있는 운하 바닥에 살아요.
지구상에 오직 이곳에서만 살아가고 있어요.

아홀로틀의 머리 뒤쪽에 장식 같은 부분이 있는데, 바로 **아가미**야. 여기로 숨을 쉬지.

이 운하에 사는 커다란 물고기는 아홀로틀을 잡아먹기도 해요. 하지만 아홀로틀의 한쪽 다리를 물면 다리만 뚝 떼어져 나와요.

아, 저런…

다리는 발가락까지 전부 다시 자라날 거예요.

다리를 구성하는 뼈와 근육과 피부가 모두 다시 자라려면 몇 주 또는 몇 달이 걸려요.

오랑우탄의 응급 처치

오랑우탄은 나무 몸통을 기어오르고, 나뭇가지 사이로 대롱거리고, 어린 오랑우탄을 안고 다녀요. 그러다 보면 팔이 **아프지요.** 오랑우탄은 의사에게 갈 수도 없는데, 어떻게 치료할까요?

아야야...

우아

오랑우탄은 평소에 절대 먹지 않는 식물을 찾아요.

그 식물의 잎을 씹어서 거품이 나오면...

...아픈 부위에 거품을 뱉어서 문질러 발라요.

이 나뭇잎이 뭐가 좋은데요?

나뭇잎에 아픔을 **누그러뜨리는** 화학물질이 들어 있어.

구급상자

위험! 물러서요!

아래 세 동물에게 한 가지 공통점이 있어요.
모두 **독**을 지니고 있어요.

범무늬노랑가오리

범무늬노랑가오리는 꼬리를 휙 움직여서 기다란 가시를 드러내고 독을 쏘아요.

오리너구리

수컷 오리너구리는 뒤쪽 다리에 뾰족한 돌기가 나와 있어서 독을 뿜어내요.

스피팅코브라

스피팅코브라는 송곳니에서 독을 쏘아요.

경고! 손대지 마시오!

아래 새의 깃털과 개구리의 피부에는 **독이 덮여 있어요.**

주의 두건피토휘

위험 황금독화살개구리

과학자들은 이 둘이 지닌 독은 **먹이**에서 온다고 생각해요.
독이 든 딱정벌레와 독이 든 개미를 먹거든요.

독이 든 곤충을 먹지 않는다면, 두건피토휘와 황금독화살개구리의 독성이 덜할 거예요.

예술가 동물들의 멋진 작품

빛나는 별처럼 표현된 멋진 작품을 살펴보세요.
이런 무늬를 만들어 낸 예술가는 바닷속에 살아요.

일본 근처 바닷속 모랫바닥에 **흰점박이복어 수컷**이 만들었어요.

흰점박이복어 수컷이 이런 작품을 만드는 데는 약 일주일이 걸려요. 먼저, 지느러미로 모래를 언덕 모양으로 만들고, 입으로 지저분한 돌들을 치워요.

흰점박이복어

왜 흰점박이복어 수컷은 이런 고생을 해요?

암컷에게 잘 보여서 새끼를 가지려고 그러지.

누구 뼈일까요?

만약 거대한 엑스레이 기계로 다양한 동물이 몸을 찍는다면, 아마 이런 사진을 보게 될 거예요.

기린의 머리뼈 꼭대기에 커다란 혹 두 개가 보이나요? 바로 기린의 골축(뿔)이에요.

기린의 목뼈는 7개로 이루어져요. 사람의 목뼈 개수와 같아요.

뱀은 주로 두 종류의 뼈가 골격을 이루는데, 각각 수백 개가 있어요.

척추뼈
갈비뼈

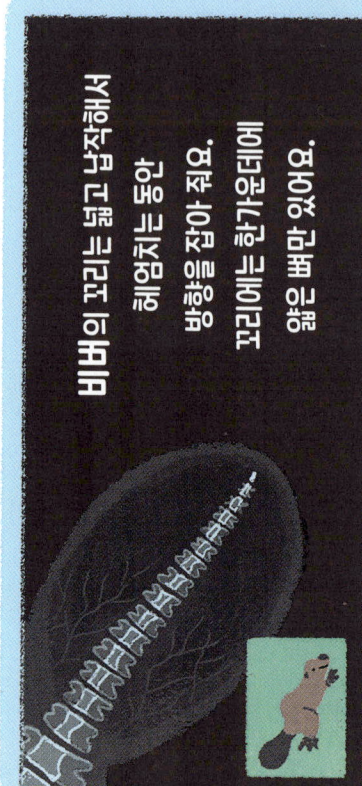

비버의 꼬리는 넓고 납작해서 헤엄치는 동안 방향을 잡아 줘요. 짝, 꼬리에는 한가운데에 굵은 뼈만 있어요.

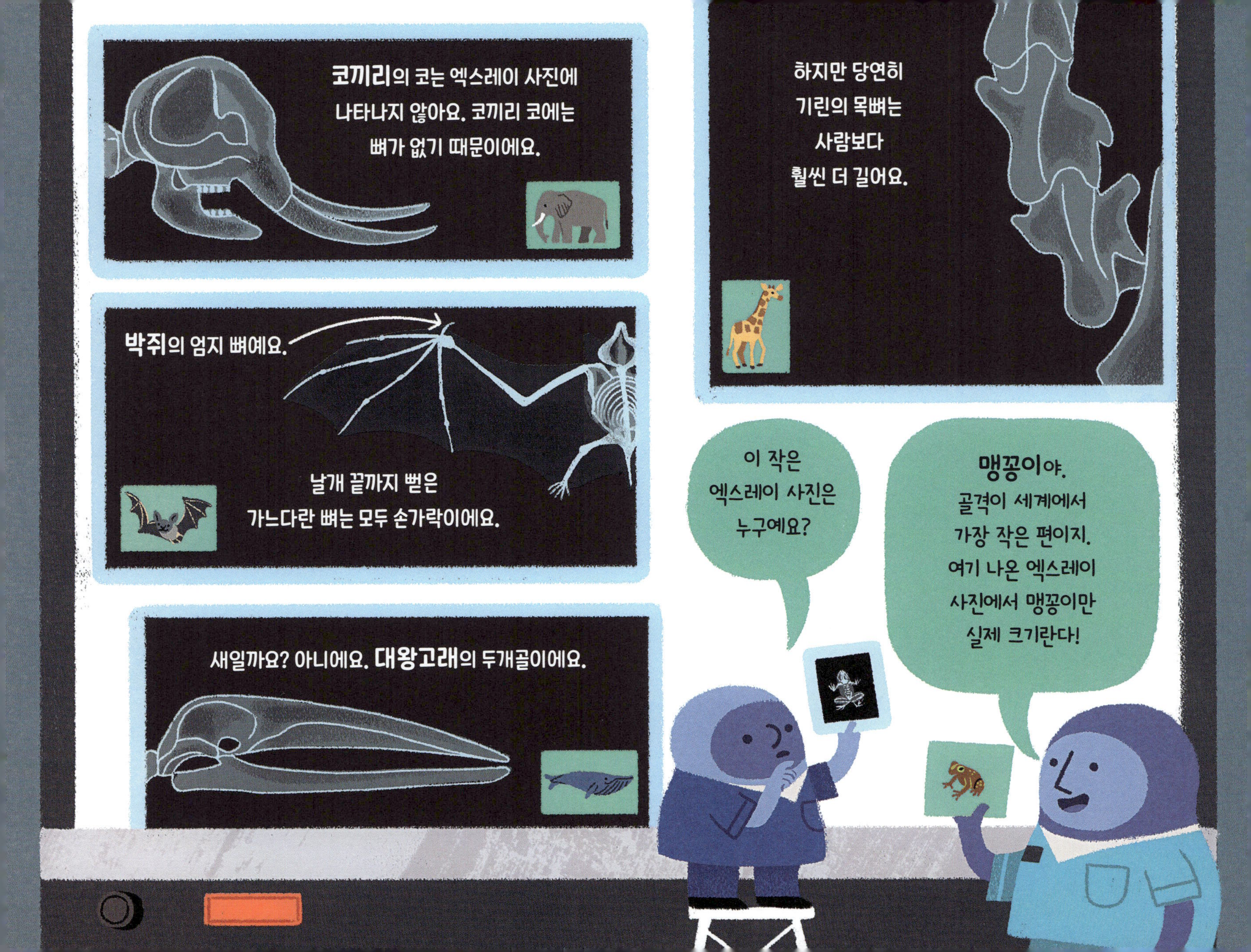
코끼리의 코는 엑스레이 사진에
나타나지 않아요. 코끼리 코에는
뼈가 없기 때문이에요.
박쥐의 엄지 뼈예요.
날개 끝까지 뻗은
가느다란 뼈는 모두 손가락이에요.
새일까요? 아니에요. **대왕고래**의 두개골이에요.
하지만 당연히
기린의 목뼈는
사람보다
훨씬 더 길어요.
이 작은
엑스레이 사진은
누구예요?
맹꽁이야.
골격이 세계에서
가장 작은 편이지.
여기 나온 엑스레이
사진에서 맹꽁이만
실제 크기란다!

북극곰의 여러 가지 이름

북극곰은 북극 근처에서 바다 얼음 위에 살기 때문에 '북극곰'이라고 불려요. 그런데 오래전부터 세계 곳곳에서 북극곰을 불러 온 다른 이름이 있어요.

나누크

빙산의 기수

흰바다사슴

모피 망토 두른 노인

얼음곰

흰곰

우르수스 마리티무스

음… 우르수스 마리티무스는 무슨 뜻이에요?

북극곰의 학명이야. '바다의 곰'이라는 뜻이지.

유명한 동물들

몇몇 동물은 유명한 사람의 이름을 따서 학명을 지었어요.
누구의 이름에서 따왔는지 살펴보세요.
그리고 어떤 동물의 이름인지 알아맞혀 보세요.

스페니스쿠스 훔볼티
(Spheniscus humboldti)
독일 탐험가
알렉산더 폰 훔볼트

사인 좀 해 주시겠어요?

자글로수스 아텐보로이
(Zaglossus attenboroughi)
영국 TV 방송 진행자
데이비드 애튼버러

이 훔볼트펭귄은 남아메리카의 서쪽 해안에 살아요.

이 가시두더지는 뉴기니에 살며, 주둥이가 길어요.

스타시모푸스 만델라이
(Stasimopus mandelai)
남아프리카공화국
대통령 넬슨 만델라

이 거미 종류는 남아프리카에서 발견되었어요.

스캅티아 베욘세이
(Scaptia beyonceae)
미국 가수
비욘세

이 말파리는 오스트레일리아에 살며, 몸 끝에 금색 털이 있어요.

과학자들은 이 달팽이를 브루나이의 숲에서 발견했어요.

크라스페도트로피스 그레타툰베르기
(Craspedotropis gretathunbergae)
스웨덴 환경운동가
그레타 툰베리

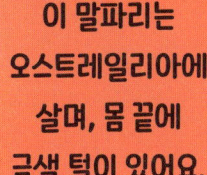

59

쉬이잇! 동물들이 모두 깊이 잠들어 있어요.

세상에서 가장 큰 도마뱀인 **코모도왕도마뱀**은 먹이를 왕창 먹은 다음, 꼬박 일주일 동안 잠을 자요.

일주일이면 168시간이에요.

향유고래는 꼬리를 아래로 향하고, 몸을 똑바로 세워서 잠을 자요.

군함조라는 바닷새는 날면서 잘 수 있어요.

기린, 얼룩말, 코끼리는 서서 잘 수 있어요.

낱말 풀이

이 책에 나온 단어의 뜻을 아래에서 찾아볼 수 있어요.

갈비뼈 가슴을 이루는 뼈

골축 기린의 머리에 솟은 뼈 덩어리

굴 동물이 살기 위해 땅에 파 놓은 구덩이나 통로

근육 동물의 몸을 이루며 몸을 움직일 때 쓰이는 기관

남극 지구의 남쪽 끝에 있는 얼음 땅과 바다

독 몇몇 동물들이 다른 동물의 건강이나 생명에 해를 끼치는 데 쓰는 성분

로제트 꽃 모양을 띤 무늬

바우어 바우어새가 나뭇가지나 풀로 만든 둥지

북극 지구의 북쪽 끝에 있는 얼음 땅과 바다

분수공 고래 머리 위쪽에 있는 숨구멍

비늘 동물의 피부나 날개에 덮여 있는 작은 조각

산호 바위 같은 구조를 이룬 바다 생물

송곳니 날카롭고 뾰족한 이빨

아가미 물속에 사는 동물들이 물속에서 숨쉴 수 있도록 발달한 호흡 기관

이끼 바위와 나무껍질에서 자라는 부드럽고 축축한 식물

조류 물속이나 습지에서 자라는 작은 식물

지느러미 물고기나 고래, 돌고래가 몸의 균형을 유지하거나 헤엄치는 데 쓰는 기관

지방층 피부 밑에 지방으로 이루어진 층

척추뼈 서로 연결되어 척추를 이루는 작은 뼈

켈프 바닷속에서 자라는 기다란 해초

해구 바다 밑바닥에 좁고 길게 움푹 패인 곳

해면 바다 밑바닥에서 자라는 구멍 많은 생물

허물 파충류, 곤충류가 자라면서 벗는 껍질

찾아보기

가시 9, 13, 39, 53
가시두더지 59
개 29, 46
개구리 4-5, 18, 45, 53
개미 11, 25, 42-43
거미 45, 50, 59
게 16-17, 21, 50
고래 3, 18, 24, 26-27, 41, 57, 61
고릴라 10
고양잇과 46
곤충 20, 39, 53
공기 방울 15, 26-27, 44
공룡 25
굴 20, 28, 43
근육 10, 51, 62
기니피그 33
기린 56-57, 61
깃털 31, 34, 38, 53
껍데기 8, 16-17, 55
꼬리 3, 5, 22, 31, 40, 41, 53, 56, 61

나무늘보 30, 37
나비 2, 32
낙타 36
날개 2, 12, 23, 45, 48, 57
남극 34, 49, 62
남미수리 10
냄새 29, 40

다람쥐 43, 45
도구 38-39
도마뱀 23, 33, 44, 61
독 9, 33, 53, 62
독수리 12
돌고래 29, 39
돼지 37
둥지 14-15, 42-43, 47, 48, 55
딱정벌레 53
똥 11, 33, 40, 41

라마 4
로제트 6, 62

말 7, 36
말벌 43, 47
먹이 15, 46, 53, 61
문어 8-9
물고기 9, 13, 21, 24, 26-27, 35, 39, 41, 47, 49, 51
물범 22, 35
미국너구리 47
미어캣 43

바다거북 5, 47
바다표범 21, 34-35
바닷가재 29
바우어 55, 62
박쥐 20, 32, 57
발톱 50

뱀 4, 9, 45, 50, 56
벌 12, 47
북극 49, 58, 62
북극곰 58
분수공 26, 62
비늘 2, 50, 62
비버 56
뼈 25, 51, 56-57
뿔 50, 56

사슴 50, 58
사자 29, 46
산호 41, 62
상어 8, 24, 50
새 12, 14-15, 22-23, 24, 32, 42, 47, 48, 49, 53, 55, 61
쇠똥구리 11
스프링복 23

아가미 51, 62
아르마딜로 22
아홀로틀 51
악어 14, 47
알 4, 11, 14-15, 21, 31, 47, 48
앵무새 24, 32
양 32
얼룩말 7, 61
여우 29
여우원숭이 19

영양 21
오랑우탄 32, 52
오리너구리 53
오줌 29, 40
올빼미 4
원숭이 10, 38-39
웜뱃 41
이빨 50

재규어 6
쥐 18
지느러미 26, 54, 62
지방층 35, 62

치타 36
침팬지 29, 38

코 22
코끼리 18, 29, 32, 37, 39, 41, 57, 61
코끼리거북 24
코뿔새 14-15
코알라 33

털 28, 30
토끼 33

판다 5, 40
퍼핀 38
펭귄 34, 47, 59
표범 5, 6
플라밍고 31
피부 31, 33, 34, 44, 51, 53

하마 41
하이에나 46
해달 60
해면 39, 62
허물 33, 62
호랑이 10, 37

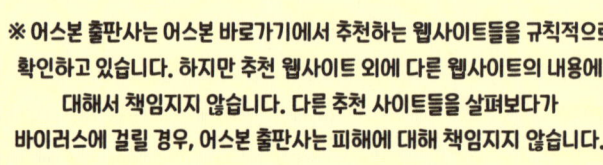

※ 어스본 출판사는 어스본 바로가기에서 추천하는 웹사이트들을 규칙적으로 확인하고 있습니다. 하지만 추천 웹사이트 외에 다른 웹사이트의 내용에 대해서 책임지지 않습니다. 다른 추천 사이트들을 살펴보다가 바이러스에 걸릴 경우, 어스본 출판사는 피해에 대해 책임지지 않습니다.

한국어판 1판 1쇄 펴냄 2022년 10월 1일
옮긴 신인수 편집 김산정 디자인 황혜련 펴낸곳 (주)비룡소인터내셔널 전화 02)6207-5007 팩스 02)515-2007
한국어판 저작권 ⓒ 2022 Usborne Publishing Limited
영문 원서 Lots of things to know about Animals 1판 1쇄 펴냄 2022년
글 제임스 맥클레인 그림 캐롤리나 뷔지오 디자인 케이티 웨브 감수 데이비드 맥도날드
펴낸곳 Usborne Publishing Limited usborne.com
영문 원서 저작권 ⓒ 2022 Usborne Publishing Limited
이 책의 영문 원서 저작권과 한국어판 저작권은 Usborne Publishing Limited에 있습니다.
저작권법에 의하여 한국 내에서 보호를 받는 저작물이므로 무단전재와 복제를 금합니다.
어스본 이름과 풍선 로고는 Usborne Publishing Limited의 트레이드 마크입니다.